LA TEORIA DELLA CODA LUNGA PER GLI AFFARI

Trovare la propria nicchia e proteggere il proprio business dal futuro

LA TEORIA DELLA CODA LUNGA PER GLI AFFARI

Trovare la propria nicchia e proteggere il proprio business dal futuro

scritto da Ariane de Saeger
tradotto par Sara Rossi

50MINUTES.com

LA TEORIA DELLA CODA LUNGA PER GLI AFFARI

INFORMAZIONI CHIAVE

- **Nome:** teoria della coda lunga.

- **Usi:** questo concetto si riferisce a tutti i prodotti offerti da un'azienda che vendono solo poche unità, ma la cui somma delle vendite può superare i ricavi dei prodotti più venduti. Ciò equivale a dire che gli articoli più popolari e più venduti contribuiscono solo a una minoranza del fatturato, poiché l'effetto massa gioca fortemente a favore dei prodotti più marginali.

- **Perché è efficace?** L'adozione di una strategia di questo tipo permette all'azienda di beneficiare di vendite costanti dall'intero portafoglio prodotti.

- **Parole chiave:**

  - <u>Bestseller</u>: prodotto di punta, spesso dotato di un elevato budget pubblicitario che ottiene ricavi record.

  - <u>E-commerce</u>: commercio online (via Internet).

  - <u>Costo di opportunità</u>: indicazione della perdita causata dall'investimento di risorse in una funzione piuttosto che in un'altra.

- Profitto: guadagno finanziario derivante da un'azione. Ad esempio, una vendita è un'azione che può generare profitti o perdite.

- Profittevole: qualcosa che genera un compenso o una certa quantità di profitto.

- Statistica: insieme di dati relativi a un gruppo di individui o unità che consentono di osservare le tendenze.

- Fatturato: valore cumulativo e registrato – solitamente su un periodo di un anno – delle vendite di beni e servizi offerti da un'azienda.

INTRODUZIONE

La teoria della coda lunga è stata introdotta nel 2004 da Chris Anderson (redattore della rivista *Wired*, nato nel 1961) e deriva da un saggio scritto da Clay Shirky (specialista in nuove tecnologie dell'informazione e della comunicazione, nato nel 1964) che afferma che alcuni blog hanno un numero significativo di link web che puntano a loro, mentre la maggior parte dei blog ha solo un numero molto piccolo di link che puntano a loro.

Chris Anderson si basa su questo pensiero per cercare di spiegare i modelli economici attuali e futuri (nell'ambito dell'economia digitale). Descrive come, a suo avviso, tutti i prodotti a bassa domanda possano generare collettivamente un fatturato significativo.

Tuttavia, è l'emergere e il crescente utilizzo delle tecnologie digitali a rendere possibile il modello economico della coda lunga: gli imprenditori che beneficiano di costi di stoccaggio molto bassi, a volte nulli o "virtuali", quando commercializzano prodotti digitali (e-book, film online, musica, ecc.), possono offrire un ampio catalogo online, che diversifica l'offerta e soddisfa coloro che preferiscono beni marginali.

DEFINIZIONE DEL MODELLO

La coda lunga è un concetto economico e statistico che illustra la distribuzione del fatturato di un'azienda per tutti i suoi prodotti, compresi quelli più popolari – i "bestseller" – e quelli più specifici e marginali. Si tratta quindi di uno strumento per sviluppare strategie commerciali e di marketing.

Il modello è composto da due elementi:

- la "testa", caratterizzata da un numero limitato di prodotti popolari o ad alta domanda, ognuno dei quali genera un alto tasso di vendita;

- la "coda", caratterizzata da un gran numero di prodotti di nicchia o a bassa domanda, ognuno dei quali genera un basso tasso di vendita.

TEORIA

La teoria della coda lunga è stata resa popolare da Chris Anderson in seguito all'analisi di diversi siti di e-commerce come Amazon (in particolare per i libri), Rhapsody (download di musica online), eBay (prodotti di seconda mano) e Netflix (streaming di film). Questo acuto analista ha effettivamente notato, nei casi studiati, che le vendite degli articoli più popolari rappresentano solo una parte del fatturato totale: in altre parole, la redditività delle vendite non dipende solo dagli articoli di punta. Per dimostrare questo fenomeno, ha scritto il suo bestseller *La coda lunga*.

Fin dall'inizio, il nuovo concetto ha sfidato molte strategie commerciali e modelli economici, in quanto l'autore sostiene che a volte è più redditizio non solo vendere bestseller; un'argomentazione certamente supportata da prove.

COMPONENTI

La coda lunga: la "testa" e la "coda".

Questo concetto, sia statistico che strategico, viene spesso rappresentato come un grafico che mostra i prodotti venduti sull'asse orizzontale (X) e il numero di vendite sull'asse verticale (Y).

La sezione blu – la "testa" – mostra che solo alcuni articoli stanno generando un numero record di vendite, mentre la sezione gialla – la "coda" – mostra che la maggior parte dei prodotti sono venduti in quantità molto ridotte.

La regola dell'80-20 e la coda lunga

La regola dell'80-20, nota anche come Principio di Pareto, che sostiene che l'80% del fatturato è generato dalle vendite del 20% dei prodotti, è messa in dubbio dalla teoria della coda lunga. Chris Anderson dimostra infatti che la regola dell'80-20 si applica solo ai mercati di nicchia che non sono stati sfruttati appieno.

Oggi, grazie alle NITC (nuove tecnologie dell'informazione e della comunicazione) possiamo ridurre la scala di produzione, differenziare i prodotti e utilizzare le nuove tecnologie informatiche per sfruttare i costi di stoccaggio favorevoli. Inoltre, grazie ai motori di ricerca la scelta del consumatore è facilitata e l'offerta di prodotti permette al consumatore di trovare ciò che cerca. Tutti questi prodotti a bassa domanda su un mercato non digitale diventano, su scala Internet – e quindi su scala globale – prodotti con un certo numero di clienti. Questi prodotti possono quindi essere altrettanto vantaggiosi per il fatturato quanto i prodotti più richiesti, e persino invertire la regola dell'80-20.

Prima di confutare radicalmente una teoria come quella di Pareto, bisogna essere in grado di dimostrare che tutte le regole intrinseche della teoria non si applicano più quando cambia il contesto. Secondo Anderson, una volta eliminati tutti i vincoli della domanda e dell'offerta e una volta che il consumatore ha accesso a tutti i prodotti, la coda lunga viene automaticamente tracciata.

Tuttavia, la realtà appare molto più complessa: non è vero che il mercato ignora l'attrattiva della coda lunga, ma piuttosto si può affermare che il mercato di riferimento non ne ammette i vantaggi. È il caso di prodotti per i quali la domanda è molto bassa e per i quali è difficile ottimizzare i costi (logistici, di comunicazione, ecc.). La regola dell'80-20 può essere negata solo per alcuni mercati e prodotti: quelli digitali. Sono soprattutto i mercati IT a beneficiare di questa realtà.

 ## In sintesi

I prodotti interessati dalla teoria della coda lunga sono essenzialmente quelli che possono essere digitalizzati, come libri, musica, film, ecc. Come già detto, è difficile che alcuni beni – ad esempio i prodotti alimentari – possano godere dei vantaggi intrinseci dei prodotti digitali.

Pertanto, si presume che le aziende con un modello di business come quello della coda lunga sostengano la diversificazione e la digitalizzazione dei loro prodotti.

Costi di produzione, stoccaggio e distribuzione statistica

Il fenomeno della coda lunga presuppone che gli articoli digitalizzati migliorino la redditività, riducendo i costi. Diversi costi affrontati dagli imprenditori sono influenzati da questa tendenza al ribasso. Si tratta principalmente di costi legati alla produzione, allo stoccaggio e alla distribuzione.

- **Produzione.** Il modello di business di un'azienda digitale si basa sull'uso intensivo dei dati generati dagli utenti. Considerando l'utente come un produttore di dati, le aziende digitali riescono a ottenere tassi di rendimento molto elevati. Il fulcro del futuro digitale è il trattamento e l'utilizzo efficace di questi dati. Molti esperti hanno identificato il consumatore come una parte fondamentale della catena di produzione digitale. In passato, le aziende potevano produrre internamente o esternamente, esternalizzando parte del processo produttivo. Ora sta emergendo una nuova alternativa, ovvero il lavoro gratuito prodotto dall'utente. Questo lavoro è realizzato da collaboratori volontari che creano contenuti. Una terza possibilità è quella di permettere agli utenti di aiutarsi a vicenda senza l'intervento dei dipendenti, attraverso la fornitura di una piattaforma (forum). In questo modo, a parte l'elaborazione dei dati, l'economia digitale ha una "co-produzione" o "produzione congiunta" con l'utente che consente una produzione mirata e potenzialmente ad alta redditività. In conclusione, l'economia digitale prende i dati degli utenti, li analizza, li trasforma in bisogni concreti e offre un servizio o un prodotto che risponde. Da notare come i dati personali degli utenti e la mancanza di un quadro legislativo per questi dati possono potenzialmente portare ad abusi.

- **Stock centrale o stock condiviso.** Lo stoccaggio non è mai inesistente, ma può essere notevolmente ridotto nell'ambito dell'economia digitale. Amazon, ad esempio, ha creato un "cyber stock": i prodotti vengono stoccati nei negozi partner mentre vengono offerti e venduti online. Con questa strategia, il gigante è riuscito a immagazzinare i suoi prodotti in milioni di negozi a costo zero. Un altro esempio interessante è lo stock digitale utilizzato da iTunes per ridurre i costi di magazzino, imballaggio, personale, gestione, ecc.

- **Distribuzione diversificata.** Per sfruttare efficacemente la teoria della coda lunga, al consumatore deve essere offerta una varietà di canali attraverso i quali può ottenere un prodotto; alcuni preferiscono acquistare online, altri recarsi in un negozio. Più vari sono i canali di distribuzione, più i consumatori saranno soddisfatti e le vendite aumenteranno.

La digitalizzazione va a vantaggio sia del venditore che del consumatore:

- I venditori non hanno più bisogno di ricorrere a intermediari, come spesso accade nella grande distribuzione. Pertanto, il loro margine di profitto è più elevato.

- L'individuo che consuma prodotti digitali di massa a vari livelli (film, musica, contenuti, software, ecc.) apprezza pienamente i diversi canali di distribuzione e la diversità dei prodotti virtuali e/o particolari;

- Domanda e offerta si incontrano in un contesto favorevole.

Conseguenze culturali ed economiche

Alla luce dell'enorme aumento dell'uso di Internet, in molti sono più interessati specificamente all'impatto sulla diversità culturale e sull'industria dell'intrattenimento. Così, secondo Chris Anderson:

- Se il costo di stoccaggio, che influenza in parte il costo opportunità, è molto elevato, la gamma di prodotti di un'azienda, o più in generale di un settore, è inevitabilmente limitata e costituisce solo una parte della coda lunga, la "testa". Lungi dal soddisfare le aspirazioni di tutti i consumatori, questi prodotti di punta sono necessari e lasciano poco spazio alla diversità.

- Al contrario, quando i costi di stoccaggio sono bassi, la "coda" della coda lunga può essere sfruttata dalle aziende e soddisfare sia coloro che amano i prodotti più popolari sia le minoranze e chi ha gusti meno popolari.

Diversi esempi ci permettono di visualizzare questa questione economica e culturale:

- l'industria del libro

- programmi televisivi

- l'industria musicale

- ecc.

Dunque, quando il costo di archiviazione è relativamente basso, i canali televisivi, l'industria libraria, l'industria musicale, ecc. possono offrire una scelta molto più ampia ai consumatori e, di conseguenza, beneficiare di una maggiore redditività.

Alcuni concludono che Internet favorisce il mercato dei prodotti culturali e che l'era del "mainstream" (che significa "accettato dal maggior numero", o "non originale") è finita, poiché le limitazioni fisiche imposte dai costi di stoccaggio tendono a scomparire grazie digitalizzazione.

Strategia di referenziazione e coda lunga

La teoria della coda lunga ci permette di illustrare particolarmente bene la referenziazione e l'ottimizzazione per i motori di ricerca (SEO) e spesso è resa possibile dalla vendita online di un catalogo di prodotti, grazie a strategie ottimizzate.

 ## CHE COS'È LA REFERENZIAZIONE?

Referenziare significa scegliere i termini da associare ai prodotti. Viene discussa in due contesti distinti:

<u>Nella grande distribuzione.</u> I prodotti sono referenziati per facilitare l'identificazione e la gestione dell'inventario (approvvigionamento, stoccaggio e uscite). Questi numeri di riferimento normalmente si trovano nei cataloghi e sugli scaffali per consentire la manutenzione dell'inventario, di solito attraverso un

sistema computerizzato. Inoltre, la referenziazione nella grande distribuzione aiuta a fornire contenuti più coerenti e facilita la conversione alle vendite online, quando non è già così.

<u>Su Internet (ottimizzazione dei motori di ricerca)</u>. Il SEO ottimale mira a migliorare la visibilità e il posizionamento di alcuni siti sul web. Questo lavoro, che richiede un'attenzione costante, si basa sullo spettro di parole chiave che gli utenti possono potenzialmente inserire in un motore di ricerca (Google, Yahoo, ecc.) per trovare ciò che stanno cercando.

Quando si applica il concetto di coda lunga alle politiche di referenziazione sul web si tratta di raccogliere tutte le parole chiave che possono portare a particolari informazioni o temi, per lo più termini ovvi e popolari, e i loro sinonimi meno popolari, meno competitivi e più marginali. Singolarmente, queste parole chiave generano poco traffico, ma la loro somma contribuisce più dei termini più efficaci.

È quindi importante tenere conto di queste osservazioni quando si sviluppa una strategia di ottimizzazione per i motori di ricerca. A seconda dei prodotti che vuoi mettere in evidenza, e quindi delle parole chiave che devi associare ad essi, dovrai affrontare sfide diverse.

- **È facile posizionarsi correttamente nelle ricerche meno popolari.** Da un lato, è generalmente facile e veloce posizionarsi nelle ricerche meno popolari, perché l'utente che cerca qualcosa di specifico sarà indirizzato correttamente ai siti che probabilmente risponderanno alla sua richiesta. Questo alimenta di fatto la "coda" della tua coda lunga.

- **È difficile posizionarsi correttamente nelle ricerche competitive.** D'altra parte, è difficile, lungo e costoso posizionarsi correttamente nelle ricerche competitive, perché tali ricerche non sono mirate e possono attirare ogni tipo di visitatore incerto, impedendoti di offrire un prodotto adeguato e di posizionarti correttamente (attraverso un servizio personalizzato di qualità). C'è poi una buona probabilità che chi cerca qualcosa di particolare abbandoni rapidamente il tuo sito, non riuscendo a trovare ciò che cerca. Tuttavia, questa strategia ti aiuterà a posizionare meglio i tuoi bestseller, la "testa" della coda lunga.

APPLICAZIONE PRATICA

CONSIGLI E SUGGERIMENTI

Regola n. 1 – Un catalogo ampliato di prodotti digitali

Per soddisfare le esigenze più marginali e raggiungere il maggior numero possibile di consumatori, devi essere in grado di offrire un catalogo diversificato di prodotti digitali.

Regola n. 2 – Produzione, archiviazione e distribuzione digitale

- **La produzione congiunta** prevede che una parte del lavoro venga svolta dai clienti. L'uso efficiente dei dati forniti dagli utenti è al centro dei problemi dell'economia digitale.

- Il prodotto digitale non deve essere prodotto in un numero di copie pari a quello della **distribuzione** fisica, il che deve essere considerato un vantaggio dall'imprenditore.

- **L'archiviazione** digitale riduce la maggior parte dei costi che l'imprenditore deve affrontare in situazioni di distribuzione fisica.

Regola n. 3 – Prodotti visibili e accessibili

In questo momento l'uso di Internet si sta generalizzando sia in contesti privati che professionali e gli utenti si stanno abituando a usare i motori di ricerca, il che significa che selezionano metodicamente le parole chiave per trovare le informazioni che stanno cercando.

- **L'importanza delle parole chiave.** È importante scegliere le parole chiave con attenzione e ponderazione: sia quelle che alimenteranno la "testa" della coda lunga, sia quelle secondarie che alimenteranno la "coda". Il processo è lungo ma efficace e redditizio.

- **L'importanza del contenuto.** Non è solo il numero di parole chiave secondarie a influenzare il traffico verso il tuo sito web, ma anche, e probabilmente soprattutto, il contenuto. Infatti, parole chiave specifiche senza informazioni concrete non fanno altro che generare un traffico limitato alle pagine del tuo sito.

- **Tenere conto dei costi nascosti.** È necessario essere prudenti, perché a volte l'era digitale ha dei costi nascosti. Secondo uno studio europeo condotto da Sungard (fornitore globale di soluzioni IT in Francia) su 150 professionisti, i costi di manutenzione, licenze, software e costi imprevisti di un'azienda ammontano in media a 597700 euro all'anno.

Pertanto, stabilire con cura uno spettro di ricerche lessicali e presentare contenuti testuali di qualità è diventato imperativo per chiunque voglia attrarre clienti.

Per sviluppare una strategia redditizia di coda lunga è necessario posizionarsi con successo tra un gran numero di piccole ricerche mirate. In questo modo, il traffico verso il tuo sito aumenterà. Tieni a mente i seguenti suggerimenti:

pensare e raccogliere termini di ricerca concreti per cercare di rispondere a tutte le future richieste degli utenti;

una volta identificati i termini, inserirli nel contenuto testuale del futuro sito;

i contenuti testuali devono essere di alta qualità: non serve aggiungere contenuti al tuo sito solo per il gusto di farlo; è necessario fornire informazioni preziose agli utenti, in caso contrario abbandoneranno immediatamente la tua pagina o il tuo sito;

scegliere un titolo che catturi l'attenzione del lettore e lo spinga a visitare il tuo sito;

stabilire una gerarchia per i titoli e i paragrafi;

inserire un numero sufficiente di parole chiave nel testo;

selezionare con cura i link ad altri siti e privilegiare quelli di qualità per preservare l'immagine del tuo sito;

diventare un "esperto" (a seconda del numero di visitatori del vostro sito) di scrittura di contenuti con Google.

⊙ Informazioni aggiuntive

Le parole chiave generiche (significati generali che comprendono una serie di parole più specifiche) sono competitive e sono composte da circa due parole. Ad esempio, una persona che cerca un sito per i sinonimi inserirà "sinonimo + [la parola che sta cercando]". Questa ricerca mostrerà solo i siti più utilizzati.

Le parole chiave secondarie, invece, sono meno popolari ma più specifiche. Può trattarsi, ad esempio, di un'espressione (da tre a cinque parole o più) che riflette una ricerca più mirata da parte dell'utente, alla ricerca di contenuti specifici.

CASO DI STUDIO – LIBRERIA ONLINE

Contesto

Una libreria "Y" decide che, data la concorrenza sul mercato dei libri e i costi che deve affrontare in termini di stoccaggio e produzione, sarebbe più vantaggioso creare un sito web che venda libri digitali online. Consapevole della concorrenza già presente sul web, si impegna a rendere visibile il proprio sito attuando una strategia SEO ottimale. Si tratta di definire le parole chiave che si vogliono associare al sito. In altre parole, definiranno le parole chiave che l'utente probabilmente inserirà in un motore di ricerca e che lo condurranno, nel modo più diretto possibile, al sito di Y.

Una gamma di prodotti diversificata

Per far fronte all'aumento della concorrenza nella vendita di libri online (Amazon, Fnac, Numilog, ecc.), la libreria non ha altra scelta che diversificarsi o rivolgersi a un pubblico particolare. Per questo motivo, il venditore decide di offrire nel suo negozio online fumetti digitali, sia bestseller che fumetti più specifici.

Ridurre al minimo i costi fissi

Offrendo fumetti online, Y risparmierà sui costi fissi (stoccaggio, produzione e distribuzione – concetti esplorati nella sezione "Teoria"). Tuttavia, deve tenere conto dei costi nascosti che la vendita online comporta:

- costi di conversione o digitalizzazione dei file

- costi di archiviazione digitale

- costi di sicurezza del sito

- spese legali legate all'adeguamento dei contratti di edizione.

Altri costi appariranno in seguito, come la manutenzione del sito web, gli aggiornamenti, ecc.

Visibilità

Il libraio deve scegliere con cura le parole chiave, tenendo conto che più sono generiche (come "libri" o "vendita", o parole chiave che la gente vuole vedere come "bestseller"), più è probabile che si perdano nel flusso di informazioni. Queste parole chiave generiche rappresentano solo il 20% circa del traffico totale generato dai motori di ricerca. Tuttavia, se vengono selezionate in modo un po' più mirato (in base all'attività del venditore), rappresenteranno direttamente più del 20%. Per distinguersi dalle grandi aziende che vendono libri online, la libreria dovrà selezionare parole chiave specifiche per il contenuto del sito e mettersi nella posizione degli utenti di Internet che cercano informazioni specifiche.

Oltre alla scelta delle parole chiave, la libreria dovrà anche pensare ad ottimizzare il contenuto testuale del sito per renderlo attraente, interessante, pertinente e dettagliato. Così facendo, alimenterà la "coda" della coda lunga (del settore). Ad esempio, sceglieranno una home page che contenga contenuti testuali specifici, in modo da corrispondere a specifici utenti dei motori di ricerca. Consideriamo anche il fatto che alcune parti di questo contenuto non saranno inizialmente considerate da persone che utilizzano le parole chiave, e che questo genererà solo un traffico "sterile". D'altra parte, è molto probabile che compaiano alcune parole che il libraio non aveva considerato come parole chiave.

Il libraio dovrà affrontare diverse fasi prima di offrire un prodotto digitale.

1. Strutturare le informazioni in modo visibile e coerente per attirare l'attenzione del visitatore.

2. Selezionare le parole chiave attorno alle quali posizionarsi (sinonimi, espressioni, ecc.). Può anche scegliere

di effettuare uno studio prospettico sottoponendosi a una formazione sui motori di ricerca per individuare la concorrenza sul mercato dei fumetti.

3. Creare contenuti testuali di qualità in cui compaiano le parole e le frasi chiave selezionate.

Nel frattempo, il prodotto offerto ai visitatori deve essere sufficientemente diversificato per poter raggiungere un pubblico eterogeneo.

IMPATTO

LIMITI E CRITICHE

Se l'analisi di Chris Anderson sul settore culturale è stata salutata e promossa da chi, come lui, ha intuito un esito vantaggioso e attraente per il settore, la verità dei fatti e le varie analisi ne smentirebbero o almeno ne contestualizzerebbero la validità e le conseguenze sulla struttura del mercato.

Anche con Internet, la coda lunga non genera più vendite rispetto al passato.

Will Page, direttore di Spotify, ha analizzato le vendite di musica online. Ha osservato che dei 13 milioni di titoli disponibili, 10 milioni non generano vendite; l'8% delle vendite proviene da 40 titoli e il 3% dei titoli totali venduti genera l'80% del fatturato. Secondo lui e alla luce della sua analisi, l'economia dei bestseller non è ancora finita.

I ricavi dei bestseller rimangono ben al di sopra di quelli della "coda" della coda lunga

Anche Pierre-Jean Benghozi e Françoise Benhamou, economisti francesi, hanno affrontato la questione analizzando le vendite di CD e DVD online. Da questo studio emerge un effetto di coda lunga, ma è così lento che difficilmente sembra in grado di scuotere la struttura di mercato nota a tutti. Infatti, meno del 10% dei prodotti musicali rappresenta oltre il 90% delle vendite e i dieci titoli più commercializzati sono in grado di aumentare la loro quota sul fatturato totale.

Tuttavia, la critica principale viene da Anita Elberse (professoressa di economia ad Harvard, nata nel 1973) che, dopo dieci anni di ricerche e analisi dei mercati culturali e dell'intrattenimento, è riuscita a dimostrare il contrario. Secondo l'autrice, internet non ha rivoluzionato il rapporto tra individui e diversità culturale; al contrario, afferma che i bestseller continuano a dettare il mercato più che mai. È quindi la "testa", non la "coda", a essere più potente nell'era di Internet. Nel suo libro *Blockbuster* (2013), la dott.ssa Elberse illustra le sue affermazioni utilizzando l'industria cinematografica, spiegando inoltre che se gli investimenti finanziari nei bestseller sono così ingenti (e quindi rischiosi), è solo per proteggersi dai rischi intrinseci di un mercato così incerto. Ma sembra un po' difficile da credere.

 L'INDUSTRIA CINEMATOGRAFICA

Un film costa 10 milioni di dollari per essere prodotto, mentre un altro costa 100 milioni di dollari. Il prezzo che il consumatore pagherà sarà esattamente lo stesso, indipendentemente dai costi di produzione del lungometraggio: non sarà più o meno costoso vedere il film al cinema che acquistare il DVD. Quindi, logicamente, il film con i costi di produzione più bassi (10 milioni di dollari), dovrebbe ottenere il maggior ritorno: inoltre, lo studio di produzione può permettersi di produrre 10 film invece di uno con un budget di 100 milioni di dollari. Come si può immaginare che questa situazione si ribalti a favore dei blockbuster?

Anita Elberse rafforza questa idea sviluppando il caso della Warner Bros. che produce praticamente solo blockbuster (*Harry Potter*, *Sherlock Holmes*, ecc.) e per la quale "non correre rischi" è un rischio. Basando la sua strategia sulle grandi produzioni, è diventato il primo studio cinematografico a superare il miliardo di dollari di incassi negli Stati Uniti per 11 anni consecutivi.

Per presentare la strategia opposta, l'esperto si concentra sul caso del network NBC Universal, diretto all'epoca da Jeff Zucker (nato nel 1965) e Ben Silverman (nato nel 1970). Volendo massimizzare i profitti attraverso una strategia di riduzione dei costi e dei rischi, la loro azienda fallì rapidamente. Rinunciando a grandi produzioni con attori o produttori del cinema mondiale a prezzi colossali e cercando di garantire la catena dei ricavi, la NBC iniziò a cadere ai margini. Questa mancanza di ambizione e di finanziamenti, così come la mancanza di assunzione di rischi, ha portato al disinteresse dei professionisti del settore e al declino della loro posizione in classifica, dalla prima alla quarta posizione.

L'autrice estende poi la sua riflessione ad altri campi e cerca di dimostrare che il fenomeno si ripete. Secondo l'autrice, non ci sono dubbi: sono i bestseller a generare profitti e a fornire la maggior parte della redditività finanziaria delle vendite. Oggi, anche le aziende che seguono la teoria della coda lunga cominciano ad arrendersi alla logica incomparabile dei blockbuster; è il caso di Netflix o Amazon. Visti gli impressionanti dati di vendita dei concorrenti che hanno adottato questa strategia, molti stanno riorientando la propria analisi.

MODELLI ED ESTENSIONI CORRELATE

Questa sezione contiene tre modelli legati alla teoria della coda lunga. Dopo averli citati più volte in riferimento alla teoria della coda lunga, vengono approfonditi il principio di Pareto e il modello ABC, che rappresenta una possibile risposta ad esso.

Va da sé che tutti i modelli di distribuzione non possono essere ridotti a questi tre modelli e che ne esistono altri.

Il principio di Pareto

Il modello correlato più conosciuto è il principio di Pareto, detto anche regola dell'80-20. Proprio come la teoria della coda lunga, il principio di Pareto viene utilizzato come strumento di sviluppo per le strategie di vendita e di marketing, oltre che come strumento statistico. In questo contesto ci concentreremo sul primo utilizzo.

Dunque, secondo il principio di Pareto, "l'80% degli effetti è il prodotto del 20% delle cause", che può essere tradotto in linguaggio commerciale come "il 20% dei prodotti genera l'80% delle vendite" o "il 20% dei clienti genera l'80% delle vendite". Nonostante il suo carattere universale, questo principio non è stato scientificamente provato in tutti i settori. Ad esempio, alcuni ritengono che solo il 20% dei clienti generi l'80% del fatturato. Oltre a questa preoccupazione per l'accuratezza, la regola dell'80-20 deve essere adattata al settore e al reparto dell'azienda a cui viene applicata.

Inoltre, questo principio solleva problemi di efficienza. Se l'80% dei prodotti – i meno venduti – genera un certo fatturato, presumibilmente il 20%, questo potrebbe aumentare se il costo opportunità si riduce notevolmente. Questo è ciò che Chris Anderson espone nella teoria della coda lunga.

Il modello ABC

Il modello ABC fornisce un'ulteriore prospettiva. Esso parte dal presupposto che il principio di Pareto ignora i livelli intermedi, ed è quindi difficile valutarne l'importanza.

Il modello ABC classifica gli effetti in tre categorie. In questo modo, vengono considerati anche gli strati meno redditizi.

- Categoria A: il 20% dei clienti genera l'80% delle vendite.

- Categoria B: il 30% dei clienti genera il 15% delle vendite.

- Categoria C: il 50% dei clienti genera il 5% delle vendite.

Strategia Blockbuster

Questo è il caso presentato da Anita Elberse, secondo la quale i blockbuster sono la causa della maggior parte del fatturato del mercato culturale e dell'intrattenimento.

CONCLUSIONE

Il modello di Chris Anderson viene presentato come un complemento al principio di Pareto e al modello ABC. Quando viene applicato a un mercato specifico, la coda lunga sviluppa in realtà una teoria parallela a questi due modelli, senza screditarli.

Al contrario, la teoria di Anita Elberse critica la teoria della coda lunga e ne mette in dubbio la pertinenza.

SINTESI

- La teoria della coda lunga è un modello statistico ed economico creato e introdotto nel 2004 da Chris Anderson nel contesto del settore digitale.

- Questo modello è reso possibile dagli sviluppi tecnologici ed è realizzabile nel contesto delle vendite di beni o servizi digitali, questo perché i costi di produzione, archiviazione e distribuzione sono bassi o inesistenti.

- Complementare al principio di Pareto, la teoria della coda lunga presuppone che, in questo particolare settore, i prodotti più popolari non siano necessariamente quelli che generano il maggior fatturato.

- Secondo Chris Anderson, sfruttare la "coda" della coda lunga offre la possibilità di ottenere profitti a lungo termine.

- La dottoressa Anita Elberse denuncia il modello di Chris Anderson. Dopo 10 anni di ricerche, sostiene che anche nell'era di Internet i blockbuster dettano il mercato culturale e dell'intrattenimento.

- Oltre alla teoria della coda lunga, esistono altri modelli che rappresentano altri sistemi di distribuzione: in particolare il principio di Pareto e il modello ABC.

- Il modello della coda lunga può essere applicato come parte di una strategia SEO su Internet. Consiglio: posizionarsi in mercati meno competitivi e più specifici permette di beneficiare degli effetti positivi di SEO a coda lunga.

ULTERIORI LETTURE

BIBLIOGRAFIA

Anderson, C. (2012) *La coda lunga: perché il futuro delle imprese è vendere meno di più.* Parigi: Flammarion.

Andrieu, O. (2008) Pourquoi la notion de "Longue Traîne" est-elle nécessaire dans une stratégie de référencement? *Abondance.* [Online]. [Consultato il 21 aprile 2015]. Disponibile da: < http://docs.abondance.com/question123.html>

Avenier, M. (2014) La longue traîne une stratégie de référencement. *Le guide.* [Online]. [Consultato il 21 aprile 2015]. Disponibile da: < http://www.abime-concept.com/blog/2014/03/27/la-longue-traine-une-strategie-du-referencement/>

Benghozi, J-P. e Benhamou, F. (2008) Longue traîne: levier numérique de la diversité culturelle. *Culture prospective.* [Online]. [Consultato il 21 aprile 2015]. Disponibile da: < http://www2.culture.gouv.fr/deps/fr/traine.pdf>

Bloquet-Prevost, C. e Manneval, M. (2014) Exploitation des données fournies par les utilisateurs : l'enjeu de l'économie numérique. *Revue Sorbonne.* [Online]. [Consultato il 21 aprile 2015]. Disponibile da: < http://www.univ-paris1.fr/fileadmin/diplome_M2OFIS/OFIS_2013-2014/Articles/article_Revue_OFIS_mars_2014_Bloquet-Prevost_Manneval.pdf>

Cassini, S. (2015) Les coûts cachés du cloud. *Les Échos.* [Online]. [Consultato il 21 aprile 2015]. Available from:

< http://www.lesechos.fr/journal20150331/lec2_high_tech_et_medias/0204266382278-les-couts-caches-du-cloud-1106920.ph>

Delers, A. (2014) Il *principio di Pareto*. Bruxelles: Lemaitre Publishing.

InfoWebMasterRéférencement. (2008) *Longue traîne*. [Online]. [Consultato il 21 aprile 2015]. Disponibile da: < http://www.infowebmaster.fr/40,news-referencement-longue-traine.html>

Jimdo. (2013) *5 conseils pour rédiger des textes optimisés pour Google*. [Online]. [Consultato il 21 aprile 2015]. Disponibile da: < http://fr.jimdo.com/2013/12/27/5-conseils-pour-r%C3%A9diger-des-textes-optimis%C3%A9s-pour-google/>

Lacomblet, D. (2014) Internet. La longue traîne n'a-t-elle pas toujours été qu'une utopie? *Slate Reader*. [Online]. [Consultato il 21 aprile 2015]. Disponibile da: < http://www.slate.fr/tribune/84585/longue-traine-blockbusters>

Le Cam, N. (2013) La longue traîne, l'atout de votre SEO. *LunaWeb*. [Online]. [Consultato il 21 aprile 2015]. Disponibile da: < http://blog.lunaweb.fr/seo-longue-traine/>

Mataf.net. (Senza data) *Définition coût d'opportunité*. [Online]. [Consultato il 21 aprile 2015]. Disponibile da: < https://www.mataf.net/fr/edu/glossaire/cout-d-opportunite>

Moglie. (Senza data) *Qu'est-ce que la longue traîne (ou long tail)*. [Online]. [Consultato il 21 aprile 2015]. Disponibile da: < http://www.wifeo.com/documentation-77.html>

FONTI AGGIUNTIVE

Afuah, A. (2014) *Innovazione dei modelli di business: Concetto, analisi e casi.* New York: Routledge.

Elberse, A. (2013) *Blockbusters.* New York: Henry Holt Books.

Il blog di Chris Andersen. http://www.longtail.com/

Vogliamo sapere la tua opinione!
Lascia un commento sulla tua biblioteca online
e condividi i tuoi libri preferiti sui social media

Master ISBN: 9782808064866
ISBN cartaceo: 9782808065153
Deposito legale: D/2022/12603/102

Design digitale: Primento,
il partner digitale degli editori.